El libro de la casa

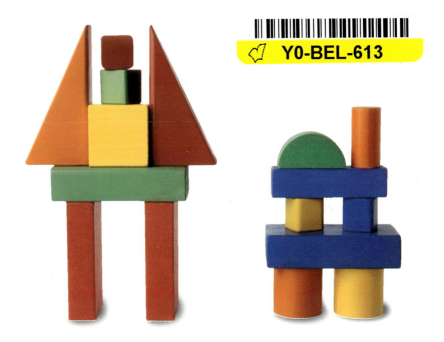

YO-BEL-613

escrito por Shirley Frederick

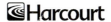 Harcourt

Orlando   Boston   Dallas   Chicago   San Diego

www.harcourtschool.com

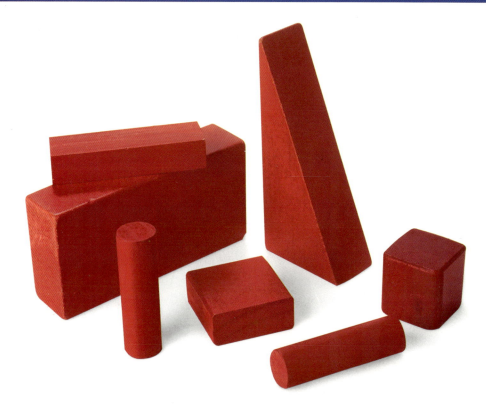

mis bloques

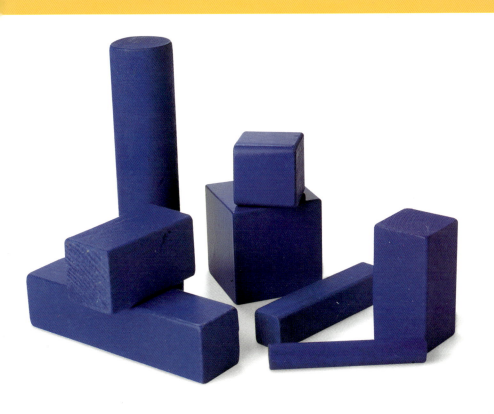

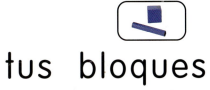

tus bloques

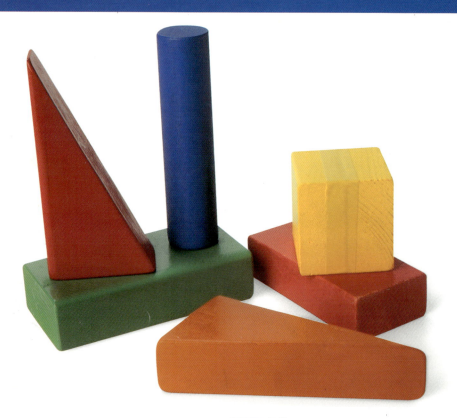

mis bloques

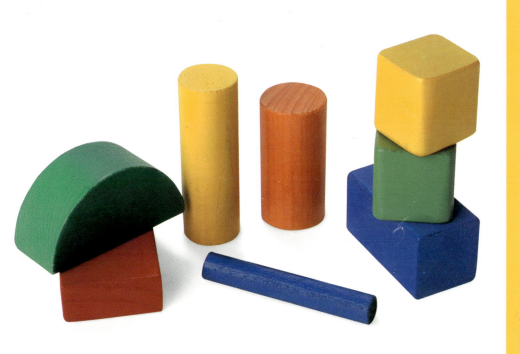

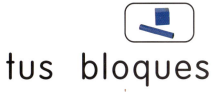

tus bloques

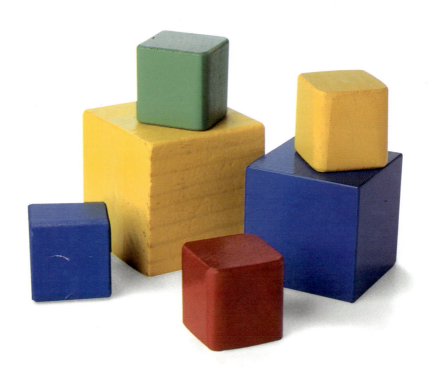

 mis bloques

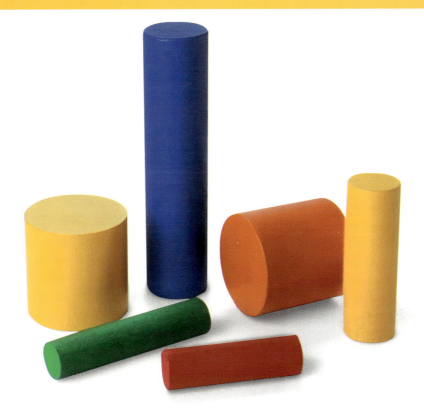

tus bloques

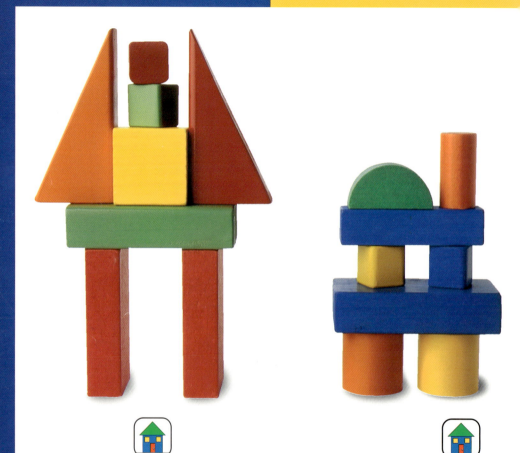

mi casa y tu casa